# ALEXANDRE LABADIÉ

—∞—

## 1814-1892

—∞—

# NOTICE

## Par François Caire

CONSEILLER GÉNÉRAL

MARSEILLE

TYPOGRAPHIE ET LITHOGRAPHIE BARLATIER ET BARTHELET

Rue Venture, 19

1892

# ALEXANDRE LABADIÉ

—※—

## 1814-1892

—※—

# NOTICE

## Par François Caire

### CONSEILLER GÉNÉRAL

## MARSEILLE

TYPOGRAPHIE ET LITHOGRAPHIE BARLATIER ET BARTHELET

Rue Venture, 19

—

1892

# ALEXANDRE LABADIÉ

1814-1892

La démocratie Marseillaise vient de perdre un citoyen qui l'honora sous tous les rapports : A. Labadié était un homme intelligent et probe qui avait consacré toute sa vie à la cause républicaine.

Sa nature droite, mais inflexible devait lui susciter des ennemis : Ils furent nombreux, ardents et surtout impitoyables. Aussi l'opinion publique qu'il ne savait pas ménager fut souvent égarée par ses détracteurs et se montra souvent injuste pour lui. L'heure de la réparation devait pourtant venir, elle avait enfin sonné et depuis quelques années

les rares amis qui ont vécu auprès de lui et qui
l'ont aimé de toute la force de leur âme, assis-
tent heureux et fiers à cette réparation qui tôt ou
tard devait se produire.

Je considère comme un devoir de faire revivre
cette grande figure. Ayant eu l'honneur de vivre
dans son intimité pendant de longues années, je
puis rappeler certains actes de sa vie publique,
ignorés ou oubliés. En le faisant, je remplis un
pieux devoir, j'ose espérer que mes concitoyens
le reconnaitront et excuseront mon insuffisance,
tant Labadié était haut placé dans l'estime et la
considération publiques.

A. Labadié naquit à Lézignan (Aude), en août
1814. Il appartenait à une famille de condition
modeste, mais d'une grande honorabilité. Son
intelligence précoce décida son père à l'envoyer
dans un lycée de Paris où une vocation pour l'en-
seignement se révéla bientôt au grand déplaisir
de ses parents. Son père, homme sévère et pratique, ayant pour l'avenir de son fils d'autres vues,
le retira dès l'âge de 14 ans, pour le placer dans
une maison de commerce de notre ville.

Frappé de son activité et de la rectitude de son
jugement, M. Labadié père qui avait créé une
maison de commerce à Marseille, voulant y donner de l'extension se l'attacha à titre d'associé.

Sous cette nouvelle direction, la maison de commerce grandit rapidement et ne tarda pas à être placé au premier rang, rayonnant sur le Midi et l'Orient. En constatant dans cette courte notice la confiance et l'estime dont l'entouraient tous ses clients et ses correspondants, je veux rendre un juste hommage à cette existence, toute de labeur et d'intégrité commerciale.

Quelque absorbantes que fussent ses affaires, elles ne pouvaient suffire à cette nature active. Sous une apparence froide et impassible, Labadié était violent et passionné. La politique, cette passion des âmes nobles, dominait déjà son âme enfiévrée. Nous étions alors sous le régime de Juillet, en pleine période d'agitation réformiste. Odilon Barrot avait commencé sa campagne contre la loi électorale. Il était étrange en effet de voir dans la France, des Thiers, des Cousin, des Proudhon, des Comte et de tant d'autres illustrations, le Cens conférer, seul, le droit d'être ou de choisir le représentant du pays.

Le grain de sable s'était glissé enfin dans les rouages de cette machine aux apparences perfectionnées. Il avait suffi d'un coup de fusil tiré on ne sait d'où pour engloutir à tout jamais la monarchie constitutionnelle, cet idéal de gouvernement de la bourgeoisie.

A la grande surprise des vainqueurs, la République fut proclamée le 24 février 1848.

Des Commissions municipales furent improvisées dans toutes les grandes villes. Labadié fit partie de celle de Marseille. Son esprit si fin et si pratique, ne tarda pas d'attirer sur lui les regards de ses collègues. Aussi fut-il chargé de solliciter du gouvernement des secours pour permettre à l'administration municipale d'assurer les services. Il réussit complètement dans sa mission.

Le Coup d'État de 1851, ce crime dont la France a été punie par son démembrement, avait enfanté l'Empire.

L'opposition à un gouvernement qui s'appuyait uniquement sur la force était dangereuse. Aussi les adversaires du pouvoir étaient-ils rares; en revanche, ils n'en étaient que plus ardents. Labadié était de ce nombre. Il fit partie de tous les comités qui suscitaient des candidatures indépendantes. L'Union libérale s'était formée entre tous les hommes de liberté pour combattre l'empire. Elle avait remporté un grand succès en envoyant siéger au corps législatif Berryer et Marie deux grandes figures devant lesquelles tous les libéraux s'inclinèrent.

La porte de la forteresse impériale était enfin forcée dans notre département.

Un nouveau triomphe de cette Union se produi-
sit, lors des élections municipales de 1866. Labadié fut un des élus. Il siégea de nouveau au conseil
où ses qualités administratives s'affirmèrent encore
avec plus d'éclat. Quoique en minorité, les candidats de l'Union libérale tinrent en échec l'administration Bernex.

L'Empire menacé par une opposition habile en
était réduit aux expédients pour maintenir sa fortune chancelante. Le plébiscite qui dans notre
département avait donné la majorité à l'opposition,
était un signe frappant de l'état des esprits.

Le parti républicain grandissait en puissance et
en énergie. Sur l'initiative de Labadié il s'affirma
en juillet 1870, en présentant aux élections municipales une liste exclusivement républicaine. Tous
ces candidats furent élus.

L'Empire déclarait à cette heure la guerre à
l'Allemagne. Appréhendant un mouvement populaire à Marseille, il mit le département en état de
siège et n'installa pas la municipalité nouvelle-
ment élue.

Le désastre de Sédan éclata, le 4 septembre, sur
la France comme un coup de foudre. L'émotion
qui étreignit le cœur de tous les Français sans
distinction d'opinion fut immense.

Labadié, à la tête d'un groupe nombreux de

citoyens sans armes, se porta à 10 heures du matin à la division militaire, pour demander la liberté des prisonniers politiques et plus particulièrement celle de Gaston Crémieux.

Ce même jour, à 2 heures de l'après-midi, le Conseil municipal se réunissait à l'Hôtel de Ville et y était installé par M. Bory qui avait obtenu le plus grand nombre de suffrages. Quelques instants après le Conseil municipal intervenait sur la place Villeneuve où un bataillon d'infanterie était campé. Trois sommations avaient été faites par le Commissaire. La troupe allait faire feu. Grâce à l'intervention du Conseil et à la sagesse du commandant, l'effusion du sang fut heureusement évitée.

A la nuit, sur la proposition de Labadié, le Conseil municipal en corps parcourait les prinpales rues pour proclamer la République.

Cette proclamation entraînait pour ses auteurs une grave responsabilité : le département était en état de siège et la nouvelle de la chute de l'Empire à Paris, n'était pas encore arrivée à Marseille.

Le lendemain 5 septembre, la Préfecture fut occupée par des bandes armées, bandes composées d'éléments dangereux. Sur ma proposition (et en la faisant, je ne me dissimulais pas les dangers qu'il allait courir à la Préfecture), le

Conseil municipal délégua Labadié pour prendre en mains les pouvoirs préfectoraux et assurer ainsi l'ordre public, si gravement compromis par des manifestations violentes et des arrestations arbitraires. Quelques jours après, le Gouvernement le nomma Préfet des Bouches-du-Rhône.

Grâce à son énergie, il sut en imposer aux exaltés qui terrorisaient notre ville. Pour sauvegarder la vie d'un Commissaire de Police, il signa son ordre d'arrestation. La mesure prise par le Préfet, pour le sauver, devait amener la mort de M. Gaillardon, qui sous l'influence d'hallucinations et de terreurs injustifiées, se suicida dans sa prison.

Dans cette fournaise, où les plus inconscientes comme les plus mauvaises passions bouillonnaient et qui, comme une lave brûlante, se répandait à flots, ne rencontrant ni digue, ni obstacle, Labadié, avec toute la sérénité du devoir accompli, assistait calme, réorganisant tous les services, rassurant tous les intérêts.

A chaque instant, des menaces de mort étaient proférées autour de lui contre le général d'Aurelles de Paladines. On ne parlait rien moins que de le fusiller à la Division où il était sans défenses. D'autres menaces plus timides, mais non moins terribles, étaient également proférées contre lui...

Le danger était grand. Labadié fit appel au dévouement du sous-intendant Brissy, le nomma Commandant de la division en remplacement du général relevé de ses fonctions par cet acte révolutionnaire.

Grâce à cette mesure, le général d'Aurelles fut sauvé et Labadié évita à la Ville de Marseille la honte de l'assassinat du futur vainqueur de Coulmiers !..

Sur sa demande, Labadié fut relevé de ses fonctions de Préfet des Bouches-du-Rhône vers la fin septembre, Ses émoluments liquidés à quatre mille francs furent donnés par lui au Bureau de Bienfaisance.

Il retourna prendre sa place au Conseil municipal qui, sur sa proposition, créa le Comptoir Communal d'Escompte, création nécessaire, s'il en fut, car elle sauva de la ruine nombre de commerçants et d'industriels et encouragea ainsi les diverses banques à reprendre leurs opérations. Il fut nommé Président de son Conseil d'administration, au grand profit et de la banque et de ses actionnaires.

Le budget municipal de 1871 offrit à Labadié une occasion favorable pour mettre en relief toutes les ressources de son esprit et de ses aptitudes et ses connaissances administratives et financières.

J'ai eu l'honneur de faire partie à diverses reprises du Conseil municipal et du Conseil général. J'ai assisté à bien des discussions de budgets, mais je ne crains de blesser aucun de mes collègues en affirmant que je n'ai jamais vu traiter avec cette hauteur de vue les questions si abstraites et si arides d'administration et de finances. J'ai gardé souvenir, entre autres, d'une discussion académique tant elle était élevée, sur les ressources que donnaient au budget municipal le service des mœurs. Labadié traita cette question en moraliste.

Dans ce Conseil, les préoccupations de ses membres étaient nombreuses et grandes tant ils avaient à cœur de réduire les dépenses. Plus grandes étaient encore leurs préoccupations pour assurer les recettes. Aussi le Conseil municipal de 1870 eut-il l'insigne honneur, dans une année de troubles, de ne laisser aucune charge nouvelle.

Le 30 octobre, je reçus de la colonie française d'Alexandrie, la nouvelle de la reddition de Metz, reddition encore ignorée d'Esquiros, Commissaire général. Je me rendis à la Préfecture où je fus appelé pour donner quelques explications à ce sujet. Je communiquai à Labadié la sinistre nouvelle. J'ai toujours présent à la mémoire la douleur du patriote... Ses larmes coulaient abondantes sur son visage, impassible cependant lorsque sa vie courait les plus grands dangers.

Le 31 octobre, le Colonel de la Garde Nationale, Marie, à l'annonce de la présence à la Préfecture de Cluseret, réunit les officiers et le Conseil Municipal à l'ancienne Préfecture où était installé l'État-major, pour leur communiquer une dépêche de Gambetta l'investissant de tous les pouvoirs militaires. Le lendemain, les mêmes officiers et quelques conseillers municipaux se rendirent à son invitation, à 10 heures du matin, pour prendre les ordres : on l'attendit en vain, Marie avait déserté le poste d'honneur.

Labadié rédigea aussitôt une proclamation contre les fauteurs de guerre civile, aussi patriotique qu'énergique. L'imprimerie du journal *Le Peuple* auquel je la donnais, se refusa à l'imprimer et peu après l'Hôtel fut envahi par des bandes armées à la tête desquelles était Carcassonne, notre collègue au Conseil municipal.

Dans la période révolutionnaire du 18 mars au 4 avril, il déploya la même énergie.

Ses ennemis exploitèrent avec une insigne mauvaise foi sa présence sur la frégate *La Couronne*. L'Hôtel de Ville n'était plus sûr : à plusieurs reprises, il avait été envahi par les civiques. Le

Conseil municipal, en présence de cet état de choses, à la séance du matin, à l'unanimité des membres présents, avait décidé de se réunir, l'après-midi, à bord de *La Couronne* qui avait été mise à sa disposition par le Commandant. Labadié et plusieurs de ses collègues s'y rendirent; lorsqu'ils apprirent que quelques Conseillers, sur une convocation du Maire, s'étaient réunis à l'Hôtel de Ville, ils abandonnèrent aussitôt *La Couronne* pour rejoindre leurs collègues. Voilà à quoi se réduit la fameuse légende.

Il est difficile, en esquissant cette époque tourmentée de notre histoire locale, de ne pas mettre en présence les personnalités qui occupèrent les mêmes fonctions. L'opposition de leur caractère respectif et de leurs actes, est pleine d'enseignements.

Par la fermeté de son attitude, Labadié sut en imposer aux bandes armées qui envahirent la préfecture le 5 septembre. Il quitta le pouvoir, comme il l'avait pris, la tête haute, avec le sentiment du devoir accompli. Grâce à lui, l'ordre fut assuré dans notre ville.

Quoique animé d'excellentes intentions, Esquiros fut un administrateur incapable et dangereux. D'une bonté et d'une faiblesse excessives, il crut pouvoir dominer les passions qui fermentaient autour de lui, en les endormant avec des paroles pompeuses ou en les encourageant par un silence coupable. Laissant ainsi les cerveaux vides ou pervertis déshonorer le principe du gouvernement qui avait été le culte de toute sa vie, il perdit, dans ce milieu, le sentiment de sa propre dignité. Les civiques en étaient arrivés, bien souvent, à lui remettre sa correspondance décachetée et il n'avait pas même le courage de protester contre une offense aussi humiliante.

Gent, cet autre préfet du 4 septembre, qui fut accueilli lors de sa prise de possession du pouvoir par un coup de revolver, ne tarda pas à avoir raison de ces mêmes civiques, par son courage et son énergie indomptables. Il les expulsa bientôt de la Préfecture et, avec cinquante mobiles du Vaucluse, il tint en échec des milliers d'hommes armés, assurant ainsi la tranquillité publique à Marseille.

L'amiral Cosnier, qui avait été nommé préfet des Bouches-du-Rhône le 4 mars 1871, était un vaillant soldat qui s'était illustré dans la défense de Paris contre les Prussiens. Le Gouvernement l'avait envoyé à Marseille en récompense des services rendus au pays. Il comptait sur son énergie et sa haute situation pour contenir les mauvais éléments qui s'agitaient encore. Il ne fut pas à la hauteur d'une telle mission.

En présence des rassemblements armés qui se formaient le 23 mars sur divers points de la Ville, il ne prit aucune précaution. Il provoqua contre eux une manifestation de la garde nationale « en l'honneur du Gouvernement de Versailles » qui amena l'invasion de la Préfecture sans coup férir. L'Amiral fut mis en état d'arrestation, ainsi que le général de brigade Ollivier.

Cet homme de guerre, qui avait montré pendant toute sa vie un courage au-dessus de tout éloge, reconnut le pouvoir insurrectionnel qui le détenait prisonnier.... Quels furent les moyens employés pour amener ce soldat à commettre un acte aussi blâmable, nul ne le sut ?

Cet infortuné paya de sa vie cet acte de faiblesse : menacé par un misérable, de la publication de cette reconnaissance, il se suicida dans une ville du Midi....

N'y a-t-il pas dans le rapprochement de ces individualités, ayant occupé le pouvoir dans des temps identiques, la preuve indéniable que le mérite, voire même le courage, ne dominent pas les masses, dans les temps troublés. La fermeté et l'énergie dans le caractère et je ne sais quelle intuition des moyens à employer pour frapper leur imagination, ont seules raison des passions populaires surexcitées !....

Le parti républicain était sorti affaibli de l'insur-
rection communaliste. Les monarchistes, non
sans raison, espéraient bénéficier de l'émotion
douloureuse qu'avait provoquée dans la population
la guerre civile. Bien avisés, les républicains marseillais saisirent avec empressement l'occasion du
renouvellement du Conseil général pour porter
Labadié dans deux cantons, l'un représentant les
idées radicales et l'autre les idées modérées. Il fut
nommé à une écrasante majorité dans ces deux
cantons. Ses collègues s'empressèrent de l'élever
à la présidence du Conseil et à celle de la Commission départementale.

Ses luttes contre les préfets de l'Ordre moral
sont légendaires, mais, elles ne l'empêchèrent
point de s'occuper des grands intérêts du département. Toutes les questions furent traitées par
lui avec autorité et compétence : assistance publique, finances, travaux publics, instruction publique furent, de sa part, l'objet de rapports qui sont
toujours consultés avec profit.

Labadié ne devait pas achever son mandat. Cet
homme qui avait lutté avec tant de ténacité contre le despotisme impérial, ne pouvait s'incliner
devant un despotisme, tout aussi dangereux pour
la liberté électorale, celui du Comité central. Il
provoqua la formation d'une liste indépendante

aux élections municipales. Elle échoua contre celle du Comité central ! Il considéra cet échec comme le visant personnellement, et, avec la correction qui l'a toujours distingué, il donna sa démission de Conseiller général.

Lors de la première élection sénatoriale, quelques électeurs posèrent sa candidature, et il fut convoqué, comme tous les candidats, à la réunion plénière qui précéda l'élection. Je l'accompagnais à la Préfecture lorsque deux des électeurs les plus influents et les plus populaires se montrèrent empressés auprès de lui. Labadié leur fit un accueil glacial. Je ne pus m'empêcher de lui témoigner mon étonnement et mon chagrin. « Je méprise trop les courtisans du peuple, pour rechercher leur appui. » Telle fut sa réponse.— Il ne fut pas nommé.

Les ennemis politiques de Labadié n'avaient pas désarmé. Ils poursuivirent de leur haine cet homme qui, lors de la Révolution du 4 septembre, avait exposé sa vie pour protéger la liberté et la fortune de ses concitoyens. Le procès qui lui fut intenté par les héritiers Gaillardon sous une influence politique, en fut une preuve éclatante. Il se dénoua pour Labadié par une condamnation de 20.000 francs de dommages et intérêts qu'il paya de ses propres ressources, lorsqu'il

aurait pu comme tant d'autres fonctionnaires se couvrir de la délibération du Conseil municipal, en date du 5 septembre, qui l'avait envoyé à la Préfecture pour prendre possession de tous les services.

La réaction ne s'en tint pas là, elle intrigua auprès du général Espivent de la Villeboisnet, commandant l'état de siège dans notre département et celui-ci décida son arrestation immédiate. M. G. Clauzel, l'homme de tous les dévouements, partit pour Paris et avertit M. Ph. Jourde, l'ami des mauvais jours, qui se rendit immédiatement à l'Elysée où il fut reçu par M. Emmanuel d'Harcourt, secrétaire du Président de la République. Grâce à ses sollicitations chaleureuses et pressantes, grâce aussi à l'intervention de M. A. Clapier, un adversaire politique cependant, le ministre de la Guerre donna contr'ordre à cette arrestation.

Toutes ces infamies devaient mettre davantage encore en relief le caractère de cet homme qui fut abandonné à cette occasion par un grand nombre de ses coreligionnaires politiques.

Sa famille avisée du danger avait dépêché auprès de Labadié qui faisait une saison d'eau, un de ses amis pour lui conseiller la fuite. Il répondit à cette proposition en prenant le premier train partant pour Marseille, pour se tenir à la disposition de l'autorité, tant sa conscience était calme et tant son caractère était à l'abri de toute défaillance.

Son attitude devant le Conseil de guerre lors du procès de l'intendant Brissy, doit être citée comme un exemple de courage civique. Il revendiqua hautement pour lui la responsabilité de l'acte incriminé, qui entraîna pour cet officier supérieur une condamnation à la peine de mort.

En 1876, les électeurs de la deuxième circonscription d'Aix lui offrirent la candidature au Parlement. Il fit partie des 363. Son manifeste lors de sa réélection après la dissolution de la Chambre, lui valut les honneurs d'une poursuite correctionnelle.

Labadié prit une part active aux travaux de la Chambre. Il fit repousser le traité de commerce italien dont plusieurs clauses étaient défavorables aux intérêts français. Il fut le rapporteur, ou mieux l'auteur, de la loi sur les patentes sous le régime de laquelle nous vivons et qui aurait suffi à elle seule pour honorer la carrière d'un député. Il fit enfin avorter, grâce à une ténacité indomptable le projet des Ports-Sud, auquel était attaché tant d'intérêts privés et qui, par cette raison ignorée des masses, était si populaire à Marseille.

On n'a pas oublié la fameuse réunion publique tenue au Théâtre Valette par les promoteurs des

Ports-Sud. Labadié s'y rendit et tint, seul, tête pendant plus d'une heure aux vociférations d'une grande partie du public. Sa parole vibrante et passionnée avait à cette heure un tel accent de vérité qu'il sut enfin se faire applaudir. La mise en scène de cette manifestation avait été si bien réglée que, au moment même, une bande avec torches et tambour se dirigeait vers le Théâtre acclamant les Ports-Sud et faisait irruption dans la salle.

De cette campagne électorale qui fut la dernière à laquelle Labadié prit part, il me souvient d'un incident qui suffirait à montrer quelle conscience intraitable présidait à chacune de ses actions.

C'était à Salon. Un de ses électeurs lui reprochait dans une réunion publique son vote contre le dernier projet de loi d'amnistie. Labadié expliqua quel pénible sacrifice, il avait dû s'imposer en cette circonstance. Il rappela qu'il était l'auteur responsable de l'acte qui avait amené l'intendant Brissy, devant le Conseil de guerre, en 1871 ; que c'était lui qui s'était rendu coupable, pour le bien public, qu'il avait encouru la peine de mort dont Brissy avait été frappé, que Brissy, dont la vie avait été épargnée, était exilé et que la peine que subissait ce soldat, était le plus cuisant souvenir qui lui restât de sa courte et périlleuse administration. L'amnistie ne pouvait pas être votée ; la majorité du Parlement lui était ouvertement hostile. Il voulait, avant tout, rendre le sol de la patrie à Brissy. A défaut de l'amnistie, il lui fallait la grâce : le gouvernement seul pouvait la prononcer et cette grâce, il ne pouvait l'obtenir qu'en prenant dans le vote sur le projet de loi d'amnistie, l'attitude qu'il avait prise. — La grâce de Brissy fut obtenue : on sait qu'il ne s'en tint pas là.

J'aime à me rappeler de quelle voix étranglée par la douleur, mon malheureux ami s'indignait de la confession publique qu'il s'imposait pour s'excuser, plus vis à vis de lui-même que du corps électoral, d'avoir manqué à un principe, pour accomplir le plus sacré des devoirs : rendre la France à l'intendant Brissy. Je n'exagère rien, en disant que l'auditoire partageait ma poignante émotion.

Il échoua aux élections de 1881. Labadié n'avait pu faire lui-même la campagne électorale, tant il était affaibli par la maladie. Ses amis lui donnèrent à cette occasion un témoignage de leur haute estime et de leur affection, en soutenant en personne sa candidature dans les réunions qu'ils organisèrent dans toutes les communes de la circonscription. Mais que pouvaient le dévouement et les services rendus contre une intrigue préparée de longue main par des hommes habiles ?

Labadié se retira alors, et à tout jamais, de la politique.

Il retourna sans amertumes et sans regrets à ses chères études, délassement précieux aux heures consacrées aux affaires commerciales, car Labadié était aussi un littérateur et un philosophe. Il trouvait de vives satisfactions dans la lecture des poètes du XVIIᵉ siècle, des philosophes du XVIIIᵉ : J.-Jacques Rousseau et Racine étaient ses auteurs favoris.

Son goût pour les classiques était si prononcé et si exclusif qu'il ne prisait pas toujours comme ils le méritaient les écrivains modernes.

Ecrivain au style sobre, ses discours, ses proclamations et ses rapports sont tout autant de modèles de concision et de clarté. Sa correspondance, tout en exprimant des sentiments intimes, se ressentait de cette disposition de son esprit.

En rappelant le passé de cet homme dont le meilleur de la vie avait été donné à la chose publique, je ne puis me défendre d'une profonde amertume, tant l'ingratitude de ses concitoyens fut grande pour lui..... Mais, je dois aussi le reconnaître car on doit la vérité aux morts, Labadié avait bien souvent, et c'est son plus grand titre à la considération des hommes de cœur, froissé l'opinion publique par l'inflexibilité

de son caractère et le rigorisme de ses principes
politiques, et comme l'a dit avec tant de vérité
M. Barthelet : « Cet homme qui avait voué sa
vie à la politique, n'était pas un politique, encore
moins un politicien. S'il appelait lâcheté une
transaction, il n'avait pas de termes assez durs
pour qualifier ceux qui se servent de la politique
pour faire des affaires : il devait se faire et il se
fit de mortels ennemis. »

Quoique foncièrement autoritaire, Labadié
était un libéral endurci. Il avait le culte du respect
de la loi « qui s'impose, disait-il, a tout républicain, digne de ce nom.» Aussi il déplorait naguère
l'incident Gouthe-Soulard : « Il faut faire de la
concentration entre Français à cette heure où la
République est définitivement établie. Nos pensées
et nos regards ne doivent plus quitter la trouée
des Vosges. »

Partisan résolu du Concordat, il avait le pres-
sentiment des conséquences que pouvait avoir
cette affaire sur l'opinion publique pour le dénoue-
ment de cette question, la plus passionnante de
notre siècle. Certes, on ne pouvait l'accuser de
cléricalisme. Sa vie et sa fin protestent contre
cette qualification.

Il aimait le peuple avec passion. Il avait foi
dans sa sagesse et dans son cœur. Aussi ne dissi-

mulait-il pas sa répulsion pour ses flatteurs. Il saisissait avec empressement toutes les occasions pour les flétrir ; sans souci de leur influence, il heurtait avec âpreté ce même peuple qu'il aimait tant, lorsqu'il était trompé par leurs agissements. Il se jeta toujours à corps perdu dans les luttes électorales, sans préoccupation des voies et moyens pour triompher : aussi, ses échecs furent nombreux, mais ils ne lui enlevèrent jamais ses illusions:

Je dois le reconnaître, Labadié manquait d'indulgence. Son isolement et son état maladif n'étaient assurément pas étrangers à cette disposition d'esprit.

Sévère pour lui-même, sévère aussi pour ses amis, il n'hésita jamais à rompre de vieilles relations lorsque le doute sur la correction politique de l'ami hantait son esprit. Il perdit ainsi des dévouements sincères, et éprouvés. Mais s'il était ombrageux à l'excès dans ses relations, il se livrait tout entier dans ses affections. Son amitié était susceptible de tous les sacrifices. Aussi que d'heures agréables écoulées dans ces 28 années d'intimité ! Si l'amitié de cet homme a été pour moi l'honneur de l'âge mûr, le souvenir de ses entretiens si pleins d'intérêt et de charme, sera la joie de ma vieillesse.

Ce bon citoyen dont la mort aurait dû être un
événement, a disparu sans bruit, salué avec respect,
il est vrai, par ses amis politiques comme par ses
adversaires.

Labadié était venu un siècle trop tôt ou un
siècle trop tard à la politique. Cet homme, quoique
doué de facultés merveilleuses, ne pouvait ni ne
devait jouer un rôle prépondérant dans cette fin
de siècle.

# ALEXANDRE LABADIÉ

C'était un honnête homme que la démocratie marseillaise
a conduit hier à sa dernière demeure, honnête homme
dans la vie privée, honnête homme dans la vie publique.

Certes, Alexandre Labadié a eu de nombreux ennemis —
car il était tenace dans ses répulsions et intransigeant dans
ses haines — il a combattu, il a été combattu, mais il a su
forcer l'estime de tous.

Pendant 33 ans, il s'est activement mêlé à nos luttes
publiques et pendant 33 ans il est resté invariablement

fidèle au même idéal politique. « La République a été le culte de ma vie » disait-il, dans une de ses proclamations : ce culte, il l'avait jalousement pratiqué, avec ferveur et avec désintéressement, méprisant ceux qu'il croyait tièdes ou avides.

Il voulait une République largement libérale, également ouverte à tous, décidée à tous les progrès par et pour la Liberté : jamais il n'hésita à briser avec la popularité, trois fois même il interrompit sa carrière publique, quand il crut qu'on exigeait de lui de transgresser son Credo politique.

Dès 1848, M. Labadié entrait à la Commission municipale provisoire, et en 1861, il repoussait énergiquement l'Empire. Aussi, au réveil de l'esprit libéral dans notre Cité, il est nommé conseiller municipal, il prend à l'Hôtel de Ville la tête de l'opposition légale mais irréconciliable contre le gouvernement de Décembre, il devient l'inspirateur du premier Comité électoral qui se soit résolûment, en plein Empire, constitué sous le titre de Comité Républicain ; et c'est ce Comité qui remporte la grande victoire des élections municipales d'août 1870.

Aussi le Quatre Septembre fait M. A. Labadié préfet des Bouches-du-Rhône. Par son énergie, par son courage, il épargne à notre Ville les violences qui devaient la déshonorer quelques semaines plus tard, et, lorsque, débordé par les partis extrêmes, mal soutenu par le gouvernement de Tours, il croit ne plus pouvoir garantir l'ordre et la liberté, il se démet simplement et va reprendre son rang au sein de l'assemblée communale.

La réaction lui intenta bientôt après l'infâme procès qui a inspiré à Edmond About l'épisode le plus émouvant du *Roman d'un brave homme*. Les honnêtes gens de tous les partis ne s'étaient du reste pas trompés sur cette œuvre de basse haine et ce ne furent pas les républicains seuls qui votèrent pour lui, lorsque, par protestation, deux cantons envoyèrent simultanément, en 1871, M. Labadié siéger au Conseil général.

C'est là que, nommé président, il soutint pour nos libertés départementales cette lutte mémorable contre les Kératry, les Limbourg et les de Tracy, lutte qui retentit dans la France entière.

Mais en même temps, M. Labadié, par cela même qu'il était populaire, croyait de son devoir de réagir contre l'abdication que la démocratie marseillaise avait faite de son libre arbitre et de son droit de contrôle entre les mains du Comité Central. Il soutint énergiquement une liste de candidats républicains opposée à celle du Tammamy-Hall de Marseille. Ses amis furent battus et alors, sans hésiter, estimant qu'il n'était plus en communion d'idées avec ses électeurs, il résilia son mandat départemental.

Bientôt après, la seconde circonscription d'Aix le choisissait comme député.

A la Chambre, il fut ce qu'il avait été à l'Hôtel de Ville, à la Préfecture, au Conseil général, le modèle de l'intégrité républicaine. Mais cet homme qui avait voué sa vie à la politique n'était pas un politique, encore moins un politicien. S'il appelait lâcheté une transaction, il n'avait pas de termes assez durs et assez méprisants pour qualifier ceux qui se servent de la politique pour faire des affaires. Il devait se faire, et il se fit en effet, de mortels annemis.

Après une campagne vigoureuse et pénible dont Marseille doit lui être éternellement reconnaissante, il réussit à faire échouer avec éclat un projet néfaste de ports au Sud. Mais il paya cher sa victoire et, bien qu'il eût été le rapporteur, pour ne pas dire le véritable auteur de la nouvelle législation des patentes, une coalition le déposséda de son siège de député aux élections de 1881 et le rendit à la vie privée.

Il reprit alors la direction de l'importante maison de commerce qu'il avait faite et dont il ne s'était jamais séparé qu'à regret. Il est mort au moment où il allait enfin se reposer.

Mais, à un homme comme lui, le repos ne semblait pas désirable et il redoutait le jour où il ne travaillerait plus. Ce jour n'est pas arrivé ; il y a une semaine à peine, il s'asseyait encore à son comptoir, accueillant et aimable. Car, si l'homme politique fut entier et souvent amer, l'homme privé fut doux et courtois, obstinément fidèle à ses vieilles amitiés.

Les dévouements qui se sont spontanément offerts à un tel homme, qui lui ont fait escorte dans la vie, sont nombreux ; c'est en leur nom que j'adresse ici un dernier adieu à Alexandre Labadié.

L'heure de la justice populaire a, du reste, déjà sonné pour lui.

La Démocratie, tôt ou tard, sait reconnaitre que ses meilleurs serviteurs ne sont pas ses plus vils flatteurs. Elle accorde définitivement son estime à ceux-là seulement qui se sont rappelés

> Que la Liberté sainte est la seule déesse
> Que l'on n'adore que debout.

Et Labadié fut de ceux-là.

EDM. BARTHELET.
*(Sémaphore de Marseille.)*

On a appris, hier, à Marseille, avec une douloureuse surprise, la mort inopinée de M. Alexandre Labadié, ancien député. Malgré son âge avancé, 78 ans, et l'asthme dont il était atteint, on ne supposait pas que ce vieillard sec et actif, fût aussi près de sa fin. M. Labadié s'occupait encore de la liquidation de sa maison de commerce, qui ne devait être terminée qu'en septembre prochain, et il présidait à cette opération avec toute la netteté de son intelligence, si précise et si lucide.

Né à Lézignan (Aude), le 12 avril 1814, M. Labadié vint jeune à Marseille et entra dans le commerce. Il était négociant en draps, lorsque, sous l'Empire, l'Union libérale l'envoya siéger au Conseil municipal. Il fut, avec M. Amat, mort récemment, à la tête de l'opposition dirigée contre la mairie Bernex. Le 5 septembre 1870, une commission administrative du département des Bouches-du-Rhône étant venue siéger à la préfecture, M. Labadié fut nommé par ses collègues commissaire provisoire.

C'est ainsi qu'il remplaça le préfet, M. Levert. Dans ces moments troublés, il s'attacha à faire respecter les consulats étrangers, les propriétés privées et la liberté individuelle ; à réprimer les chants bruyants dans les rues et les vaines manifestations ; il donna du temps pour le paiement des loyers, pressa la rentrée des impôts et facilita le rapatriement des étrangers, expulsés s'il ne justifiaient pas de moyens d'existence. C'est pendant qu'il remplissait ces fonctions, que M. Gaillardon, ex-commissaire central sous l'Empire, fut trouvé pendu dans la prison Saint-Pierre, où il avait été enfermé dans un but de protection. Bientôt débordé par les civiques, M. Labadié donna sa démission, le 24 septembre, et fut remplacé par M. Delpech.

Il créa alors, avec notre collaborateur M. Henry Fouquier, le journal la *Vraie République*. Elu le 8 octobre 1871, conseiller général du canton Sud de Marseille, et choisi comme président du conseil, il soutint une lutte légendaire contre les préfets successifs : MM. de Kératry, Limbourg et de Tracy.

Le 20 février 1876, M. Labadié était élu député d'Aix. Il fut un des 363 qui, au Seize Mai (1877), refusèrent un vote de confiance au cabinet de Broglie. Réélu, à Aix, le 14 octobre suivant, il demeura député jusqu'en 1881. Il se signala par une interpellation relative à M. le premier pré-

sident Rigaud ; par son énergique campagne contre le
projet de ports Sud de Marseille et enfin par un remarqua-
ble rapport sur la loi des patentes, travail qui forme un fort
volume. Depuis dix ans, M. Labadié s'était complètement
retiré de la politique active.

Avec sa témérité, son exceptionnelle fermeté, M. Labadié
a pu se faire, dans sa carrière, bien des ennemis politiques,
mais nul n'a jamais mis en doute, ni son entière convic-
tion, ni sa parfaite honnêteté. Homme à principe; austère
et froid, il n'en excellait pas moins à envelopper son opposition des formes d'une exquise politesse. Dans la vie privée,
homme de bien dans la force du terme, il était très large
et donnait beaucoup, sans ostentation.

M. Labadié ne laisse qu'une fille, mariée à M. Bruno
Vayson, conseiller général et maire de sa commune, dans
Vaucluse. M. Bruno Vayson est le frère de M. Paul Vayson,
un peintre de talent. — Th. L.

(*Le Petit Marseillais*).

---

Nous venons d'apprendre la mort de M. Alexandre
Labadié, une personnalité bien connue dans le parti républicain et qui comptait à Marseille de nombreux amis.

M. Labadié avait été, on s'en souvient, préfet du département en 1870, époque troublée où les natures énergiques
comme celle de M. Labadié évitèrent des troubles plus
grands. Plus tard, après un passage au Conseil général,
où il soutint contre un préfet irascible, une campagne que
personne n'a oubliée, et qui comptera dans les annales
politiques du département, M. Labadié homme de grand
mérite et d'une autorité incontestée, fut choisi comme député
des Bouches-du-Rhône.

M. Labadié, qui était à la tête d'une des plus importan-
tes maisons de commerce de notre ville, s'était retiré
depuis plusieurs années des luttes politiques, et il meurt, à
la suite d'une grave maladie, à l'âge de 77 ans, laissant le
souvenir d'un honnête homme. C'est une figure très
sympathique qui disparaît, et bien que nous n'ayons pas
toujours partagé ses idées, nous saluons le républicain qui
s'en va, et qui avait su s'attacher de profondes amitiés par
ses idées libérales et républicaines.

(*Le Radical*).

L'homme qui vient de mourir et dont j'ai pieusement
suivi le cercueil, dimanche dernier, était un caractère. Un
peu oublié depuis quelques années, il fut, il y a moins de
douze ans, une des personnalités les plus en vue de la ville
de Marseille. Il eut même quelques instants de véritable
popularité, entre 1868 et 1872. Mais, comme par tempérament et par indépendance d'esprit, il ne flattait guère les
foules, la faveur publique s'éloigna de lui au moment précis
où il pouvait rendre à son pays et à la République des services autrement considérables que ceux dans lesquels il se
distingua, comme citoyen, comme préfet et comme président du Conseil général. Il fut, sous l'Empire, un des
précurseurs de l'Idée républicaine. Au 4 septembre,
Alexandre Labadié se montra, à la Préfecture, homme de
gouvernement contre les menées démagogiques des fauteurs
de troubles et de désordres. Sous la république de M. Thiers,
il résista de toutes ses forces aux tendances réactionnaires
de ceux qui préparaient le 24 mai 1873.

Toujours avec courage, toujours avec une énergie indomptable, toujours avec un sang-froid qui décourageait ses
ennemis les plus acharnés, il lutta pendant vingt-cinq ans
pour les idées libérales, sans jamais séparer celles-ci des

idées républicaines. Ses adversaires politiques le traitaient
de sectaire et ses amis de modéré, étrange situation qui
n'étonnait pas A. Labadié. En effet, jamais on ne put lui
faire modifier son attitude ; jamais on ne put le faire dévier
de sa ligne de conduite. Inflexible dans ses principes, il
allait droit devant lui, sans s'inquiéter du qu'en dira-t-on,
puisant toute sa force dans ses profondes convictions de
croyant. Aussi l'énergie de son caractère était-elle qualifiée
d'entêtement. D'une probité politique dont l'exemple se
perd malheureusement tous les jours, il n'admettait pas
ces mesquines compromissions de partis si fréquentes
aujourd'hui.

Puis, sans accuser ses concitoyens d'ingratitude, sans
une parole amère, il se retira silencieusement de la vie
publique, après avoir joué à la Chambre des députés —
1876-81 — un rôle qui ne manqua pas d'un certain éclat.
C'était un orateur d'affaires d'un grand mérite et, dans les
polémiques de paroles, il trouvait souvent des mots qui
emportaient le morceau. Nul mieux que lui excellait à vous
clouer d'une phrase nette et courte un homme à sa place.
Il avait de ces ripostes terribles qui démontaient les plus
forts et les plus ardents. MM. de Kératry, Limbourg et de
Tracy, successivement préfets des Bouches-du-Rhône,
apprirent souvent à leurs dépens qu'il en coûtait de se
frotter à ce marchand-drapier comme la *Gazette du Midi*
et le *Journal de Marseille* appelaient ce négociant million-
naire.

Dans ces dernières années, je le rencontrai souvent sur
les Allées et dans la rue Saint-Ferréol, où il faisait sa
promenade quotidienne, toujours seul, d'un pas léger, la
taille serrée dans sa redingote ou enveloppée d'un par-
dessus. Il avait, malgré son âge, toujours conservé l'allure
jeune. L'œil vif, le visage toujours fraîchement rasé, il
passait dans un dédain qui avait quelque dignité, à côté
des triomphateurs d'aujourd'hui qui n'aimaient pas trop son

regard. Il me faisait quelquefois l'honneur de prendre mon bras et il s'amusait à me montrer, dans la rue, ses anciens obligés qui changeaient brusquement de trottoir pour l'éviter. C'était une des joies de A. Labadié de constater ces petites ingratitudes et comme il riait de bon cœur en les comptant. « Un, deux, trois, etc. A dix, nous ferons un nœud à notre mouchoir ! »

A ses obsèques, j'ai vu la foule hypocrite des fonctionnaires et des hommes politiques, venus là par pose et le mot de A. Labadié me revenait : « Un, deux, trois, à dix, nous ferons une croix. »

*(Le Bavard).*

La démocratie marseillaise vient de perdre un de ceux qui furent au premier rang de la bataille républicaine, alors que le suffrage universel avait à lutter contre la réaction. Hier, en effet, on nous annonçait la mort de M. Alexandre Labadié :

L'ancien président du Conseil général des Bouches-du-Rhône a été, pendant une période critique, le véritable chef de l'opposition démocratique. On se souvient de l'énergie que M. Alexandre Labadié déployait pour maintenir les droits de l'assemblée départementale contre les emportements de la réaction représentée successivement dans notre département par les préfets de Kératry, Limbourg et de Tracy. De Tracy, le type du plus parfait réactionnaire, qui avait émis un jour la prétention d'assister aux délibérations du Conseil général affublé d'un sabre de cavalerie, ce sabre de cavalerie qui est devenu légendaire dans les annales de notre assemblée départementale.

Alexandre Labadié était né à Lésignan, dans le département de l'Aude, le 12 avril 1814. Lorsque arrivèrent les événements de 1870, Labadié, qui était connu pour ses opinions républicaines, dont il avait, au reste, donné des preuves en 1848, fut nommé préfet des Bouches-du-Rhône; il était alors établi, et depuis longtemps, à Marseille, comme négociant en draps. Après avoir assuré la régularité des services de la Préfecture, il donna sa démission, le 24 septembre 1870, et fonda, avec Henri Fouquier, la *Vraie République,* un journal qui n'eut que quelques mois d'existence et qui devait préparer les élections cantonales d'octobre 1871. C'est à cette élection, le 8 octobre 1871, que M. Labadié fut élu conseiller général pour le canton sud de Marseille et investi par ses collègues des hautes et difficiles fonctions de président. Le rôle de M Labadié, dans cette période, fut des plus importants et nous pourrions dire, sans froisser ceux qui lui ont succédé au fauteuil présidentiel de l'assemblée départementale, qu'il a donné à cette fonction son véritable caractère d'indépendance et d'opposition nécessaires. Il donna sa démission de conseiller général, à la suite d'un désaccord avec le Comité électoral pour les élections municipales. Candidat aux élections sénatoriales de janvier 1876, il se retira devant la liste adoptée par le Comité central, et fut élu, en février, député de la 2e circonscription d'Aix, par 6.506 voix contre 4.881 obtenues par M. Clapier, représentant sortant, candidat conservateur. Il se fit inscrire à la Gauche républicaine.

Son rôle à la Chambre a été des plus modestes; on aurait dit qu'il avait épuisé sa force d'opposition dans ses luttes au Conseil général des Bouches-du-Rhône, ou que son tempérament batailleur, indépendant, s'accommodait mal avec les exigences du parlementarisme. M. Labadié fut un des 363 qui, après l'acte du 16 mai 1877, refusèrent un vote de confiance au Cabinet de Broglie. Réélu le 14 octobre suivant par 7.987 voix, il reprit sa place sur les bancs de la Gauche républicaine, où il siégea jusqu'en 1881, époque à laquelle il fut remplacé par Camille Pelletan.

Depuis lors, M. Labadié s'était retiré de la vie publique,

pour se consacrer à ses affaires commerciales ; mais le parti qu'il avait, en quelque sorte, fondé dans notre département, lui a survécu. On le rencontre encore dans l'arrondissement d'Aix, à chaque élection cantonale ou législative, essayant de battre en brèche les candidats opportunistes ou réputés tels.

La démocratie de notre département se découvrira avec respect devant cette mort, M. Labadié a été, aux heures difficiles, un républicain profondément convaincu et indépendant, un défenseur acharné des droits du suffrage universel, un démocrate sur la conscience duquel les sollicitations du pouvoir central n'ont jamais eu de prises. C'est un éloge qu'un grand nombre de ceux qu'il a combattus ne méritent pas. — A. P.

(*Petit Provençal*).

8 ⌐

www.ingramcontent.com/pod-product-compliance
Lightning Source LLC
LaVergne TN
LVHW022038080426
835513LV00009B/1113